지금보다 더 단단한 삶을 만드는

하루 한 장 필사

지금보다 더 단단한 삶을 만드는

하루 한 장 필사

요한 G. 치머만 지음 | 편집부 엮음

중앙books

요한 G. 치머만에 대하여

Johann Georg Zimmermann

18세기 후반 유럽을 대표하는 의사이자 사상가로 활동했다. 1728년 스위스의 브뤼그라는 작은 마을에서 나고 자란 후 대영제국 국왕 조지 3세의 개인 의사로, 프로이센 프리드리히 대왕의 자문 의사로 각각 활동했다.

요한 치머만은 의사보다는 사상가로 더 널리 알려졌는데 이는 저서 《고독에 관하여》 덕분이다. 1784년과 1786년 두 번에 걸쳐 총 네 권으로 출간된 이 작품은 19세기 초반 '고독'이 하나의 사회적 현상이 되며 당대 지식인들의 마음을 사로잡았다. 당시 사상가들 중에서는 드물게 '혼자이고자 하는 개인의 상황'에 관심을 가졌던 치머만은 의사로서의 다양한 임상 경험과 의학 지식, 분야를 가리지 않는 독서로 얻어낸 실존 인물 탐구를 통해 '고독'에 관한 자신만의 독창적인 관점을 완성시켰다.

치머만에 따르면 고독이란 '스스로의 모습을 마주하는 지적인 상태'이며, 고독 안에서 비로소 우리는 모든 사회적 사슬을 벗어 던지고 자유로워질 수 있다. 치머만이 말하는 고독은 '누구도 앗아갈 수 없는 것'이며, 치머만은 '인간은 어떠한 상황에서도 고독을 통해 스스로를 다듬을 수 있으며, 더 나은 자신이 될 수 있다'고 믿었다.

이 책을 읽기 전에

이 책의 기초가 되는 원문은 '철학자들의 철학자'로 알려진 요한 G. 치머만의 저서이자, 근대 서양 철학사의 숨겨진 명저 《고독에 관하여》입니다. 《고독에 관하여》는 19세기 당시는 물론 현재까지도 유럽 철학사에 큰 영향을 미치고 있는 '고독의 고전'으로 알려져 있습니다.

요한 G. 치머만은 '고독'에 대한 인식이나 담론이 거의 존재하지 않았던 시대에 '고독'과 '관계'에 대해 완전히 새로운 시각을 세상에 선사합니다. 염세주의 철학자이자 고독 담론을 세상에 대중적으로 소개한 쇼펜하우어보다 60년 먼저 고독의 강력한 이점을 제시한 인물이기도 하지요.

철학자 쇼펜하우어는 "얄팍한 행복 대신 단단한 외로움을 선택하라"라고 말했고, 니체는 "남 없이도 행복한 사람이 되어라"라고 말했습니다. 요한 치머만은 이들보다 반세기나 앞서 "우리는 고독을 통해서만 진정한 자신을 찾을 수 있다"라고 통찰했습니다.

이 필사책은 바로 저자의 이 깊고도 놀라운 '고독에 대한 통찰'을 집약해 그 에센스만을 뽑아낸 책입니다.

고독의 의미를 아는 사람만이 스스로 성장할 수 있고,
또 행복으로의 여정을 시작할 수 있다

'혼자 지낸다'는 것은 곧 '외롭고 쓸쓸하다'는 감정을 불러일으키기도 합니다. 그러나 고독은 외로움이라는 감정과는 다릅니다. 나를 힘들게 하는 '관계'에서 최대한 벗어나 홀로 의미 있는 시간을 보내는 것에 대해 깊이 생각해 본 적이 있을까요?

요한 치머만이 강조하는 것은 결국은 이런 사회적인 관계와 개인이 추구할 수 있는 고독의 '균형'입니다. '함께 살아가는 기쁨'을 제대로 누리기 위해서는 우선 개인이 행복해지는 방법부터 깨달을 수 있어야 한다는 것이죠.

인간은 누구나 평소 자신의 생각을 깊게 검토할 시간, 또 번잡한 주변 환경에서 벗어난 평온하고 고요한 시간, 또 자신을 둘러싼 거짓과 편견에서 벗어나 마음을 재정비할 시간이 간절히 필요합니다. 《지금보다 더 단단한 삶을 만드는 하루 한 장 필사》는 바로 누구에게나 간절한 그 '고독의 시간'을 제대로 보내는 방법을 찬찬히 알려주는 책입니다.

요한 치머만이 정의하는 고독이란 '우리의 정신이 스스로를 마주하고 받아들이는 지적인 상태'이자 '온전히 스스로에게 집중하는 상태'입니다. 이런 고독의 과정을 통해 우리는 마음을 다잡고, 앞을 향해 나아갈 수 있습니다. 고독의 시간을 통해 수많은 선지자들은 인류 역사에 남을 과업을 성취했습니다. 사랑하는 이들은 떨어져 있는 시간 동안 상대방을 향한 애정을 키웠고, 일터에서 지친 이들은 혼자만의 시간을 통해 마음을 회복하고 돌아갈 힘을 얻었습니다. 위대한 예술가는 고독의 시간을 견디며 빛나는 작품을 탄생시켰습니다. 수많은 외적인 자극으로 뇌와 마음이 피로한 현대인들에게 요한 치머만의 필사책은 더 이상 자극에 쉬이 흔들리지 않고 단단한 마음과 삶을 만들어갈 수 있는 하나의 좋은 도구가 될 것입니다.

이 책을 활용하는 법

이 책은 별도의 장 구분이 없는 책입니다. 책의 처음부터 매일 한 장씩 필사를 진행해도 되고, 마음이 내키는 페이지를 자유롭게 펼쳐서 글쓰기를 해도 무방합니다. 어떤 페이지를 펼쳐도 '나'를 발견하고, 또 성장할 수 있는 저자의 주옥같은 명언이 새겨져 있습니다.

필사를 하고 남은 여백에는 그날 그날의 생각이나 고민, 깨달음과 같은 메모를 남겨도 좋습니다. 책 한 권의 필사를 모두 끝낸 후에는 '혼자 있어 고독하다'고 생각이 문득 드는 어떤 날, 한 페이지를 펼쳐보며 자신의 글씨를 가만히 감상해 보세요. 필사를 하던 날 어떤 생각을 하며 글을 썼는지, 또 어떤 기분을 느꼈는지를 가만히 되짚어 보세요. 자신이 직접 쓴 글이라면 어떤 글귀도 버릴 것 없이 모두 당신의 성장과 행복한 앞날에 좋은 발판이 되어 줄 것입니다.

나 자신을 지켜내고, 또 묵묵히 앞을 향해 나아갈 수 있는 이 경이로운 여정에 함께하게 된 것을 축하합니다.

2025년을 앞두고, 쌀쌀한 바람이 느껴지는 가을의 어느 날,

중앙북스 편집부

고독의 시간은 외로움의 시간이 아닌,
성장할 수 있는 기회의 시간이다.

−편집자 주

고독이란

지적인 상태다.

고독 안에서

우리의 정신은

스스로의 모습을 마주하고,

받아들일 수 있다.

떠들썩한 도시에서 생활하든,

평화롭기 그지없는 전원에서 은둔하든

누구에게나 고독은 찾아들 수 있다.

런던과 파리에 있든

테베의 평원과 니트리아 사막에 있든

상관없이 말이다.

우리가 전원생활에서

얻을 수 있는 건 얼마나 많은가.

푸릇푸릇한 초원과 해 질 무렵

양 떼가 드넓은 초원을 가로지르는 광경이

얼마나 순수한 감상과 평온한 휴식,

드높은 행복을 불러일으키는지!

만약 극심한 슬픔에 빠진 경우라면

화려한 건물들에 에워싸여

기만적인 기쁨을 느끼기보다는

흐르는 개울가에 가만히 앉아 있는 편이

훨씬 더 수월하고 기분 좋게

마음을 가라앉힐 수 있을 것이다.

잠시 세상을 멀리하고 은둔하는 것은

인생을 두 시기로

나눠 놓고 볼 때 특히 유익하다.

젊은 시절에 은둔을 경험한다면

앞으로 구축해 나가려는

성격의 토대를 마련할 수 있다.

또한, 살아가는 동안

자신을 이끌어줄 일련의 사고 체계 역시

마련하게 된다.

나이가 들어서 경험하는 은둔은

그간의 삶을 되돌아보게 한다.

살아오면서 목격한 일들,

겪어 온 우여곡절을 반추하게 된다.

노년기에 접어든 우리는

고독의 시간을 통해

삶의 길목에서 주워 담은 꽃들의

아름다움을 즐기는 동시에

인생의 풍운을

꿋꿋이 헤쳐 나왔음을 자축한다.

인생을 먼저 경험한 자는
이렇게 권한다.

집에 머물며 즐거움을 누리는 데
익숙해질 것이며,
고결한 일을 하도록
영혼을 북돋우라고 말이다.

누구든

자신을 제대로 알지 않고서는

진정으로 위대해질 수 없다.

더불어 우리는

'일시적 은둔'을 통해서만

나 자신을 파악해 낼 수 있다.

선의 길은

때론 먼 데로 돌아가야 할 때도 있고

어둡고 따분한 게 사실이다.

비록 그 길은 여행자에게

힘든 산을 넘게 하지만,

결국 영원한 행복과 확실한 안식이라는

유쾌하고 드넓은 평원으로

그를 인도한다.

고독이 우리에게 내어주는

이점을 확보하려면

우울과 불안에

마음을 압도당하는 일이

없어야 한다.

수많은 이들이 고독한 가운데

온갖 세상사에 맞서는 위대한 정신,

그 이상의 경지에 도달하고 이를 연마해 왔다.

가장 격렬한 폭풍우의 기세에도

굴하지 않는 위풍당당한 삼나무처럼

극심하기 이를 데 없는

운명의 폭풍에 저항해 왔다.

성가신 사회적 교류에 지쳐

마지않은 정신이 고독을 통해

기대할 수 있는 이점은

그야말로 가늠할 수 없을 정도다.

지성을 흐리게 하던 베일이

순식간에 걷히고

이성의 밝은 빛을 가리던 구름은 물러간다.

영혼을 짓누르던 고통스러운 짐 역시

한결 가벼워진다.

행여 위험이 닥치지 않을까 하는 불안도

자취를 감추며 불행하다는

느낌도 누그러진다.

무엇보다 명백한

고독의 이점은

정신이 스스로 생각하도록

길들어 간다는 사실이다.

상상력은 활발해지며

기억의 신뢰도 또한 높아진다.

우리는 고독 속에 있을 때

감정의 동요가 없어짐은 물론

그 어떤 외적 대상도

우리의 영혼을 흔들어 놓지 못한다.

우리는 홀로 지내는 시간 동안
깊게 생각할 수 있어 사고가 확장되고,
스스로를 위한 가치 있는
시간의 의미를 깨닫게 된다.

−편집자 주

나태함과 부주의는

은둔으로부터 확보한

모든 이점을 순식간에 무너뜨린다.

정신이 제대로

자리 잡지 못한 상태에서는

내면의 가장 위험한 열정이

고개를 들고 일어나

온갖 기이한 생각과 변칙적 욕구를

만들어 내기 때문이다.

고독은 우리에게
효율적으로 생각하게 하고,
적절한 대상에 관심을 두도록 한다.

또한 관찰력을 강화시키고
본연의 명민함을 한층 더 증가시킨다.

고독이야말로 인간으로서
진정한 지식을 가장 잘 습득할 수 있는
배움의 장이다.

보넷은 그의 작품

《영혼의 본질》 서문에서 이렇게 말했다.

"고독은 필연적으로

우리의 정신을 명상으로 이끈다.

이제 나는 끊임없이 내 정신으로 도피하며

그 안에서 기쁨을 이끌어 낸다.

그러면 내 모든 고통마저 떨어져 나간다."

이 무렵 보넷은

거의 시력을 잃은 상태였다.

고독은 우리가 생각을 하도록 이끌고,

생각은 인간 행동의 주된 원천이 된다.

자기 성찰에 익숙하지 않은 이라면

고독의 시간을 통해

그동안 세속적 기만의 안개에 가려 보이지 않던

행복의 지극한 중요성을

알아차리게 될 것이다.

에든버러의 저명한

블레어 박사는 이렇게 말했다.

"위대하고 훌륭하며 경건하고

고결한 인물이라면

'진지한 은둔'에 빠져 지내곤 했다.

마음이 좁고 경박한 이들은

삶의 저속한 대상에

완전히 정신이 팔린 것이 특징이다."

고독과 침묵 안에서

깊은 명상에 잠기다 보면

정신이 본래의 상태보다

더 고양되어 상상력이 촉진되고

숭고한 구상의 산물이 도출된다.

그리하여 영혼은

가장 순수하고도 정제된 기쁨을

맛봄과 동시에

지적 즐거움을 누리게 된다.

고독은 인간에게
가장 행복한 느낌을 선사하며 무엇보다
중요한 시간의 가치를 깨닫게 한다.
그것은 나태한 자라면 알지도 못하고
짐작조차 할 수 없는 가치다.

영생 따위엔 관심 없이
당장 일자리를 찾는 데 여념이 없는 이는
스톱워치가 얼마나 빨리 움직이는지
결코 눈치채지 못한다.

그는 덧없는 생의 참모습과
시간의 흐름을 나타내는
놀라운 전형을 보지 못하며
그에 따른 두려움과 불안 역시 느낄 수 없다.

시간을 유용하게 활용하면

제멋대로 흘러가는 시간을 붙잡고

더 긴 인생을 살 수 있다.

생각하고 일하는 것이 바로 삶이다.

나태와 방탕을 멀리하고

효율적 노동에 집중하는 시간에는

우리의 생각이 그 어느 때보다

더 빠르고 풍부하게,

혹은 더 흥겹게 샘솟는다.

우리는

사소한 근심에 사로잡혀

같은 일을 지속해서 반복하며

수많은 시간을 허비한다.

시간이 부족하다고 말하는 것만큼

시간을 허비하는 길은 없으며

그렇게 말하는 순간 모든 행동에도

언짢음이 배어난다.

인생을 해학적으로 살아갈 때

분명 삶의 무게는 가장 가벼워진다.

.

정신을 적절히 활용하지 않는다면

고독은 세상의 그 모든 방탕함보다

더 위험할 수 있다.

왕좌에 앉은 군주부터

오두막에 기거하는 소작농에 이르기까지

모든 인간은 일상적으로

수행할 일이 있어야 하며

책임감을 바탕으로 지체하지 않고

그 일을 이행해야 마땅하다.

정신적 깨달음에 이른 자들은

저속한 무리와는 떨어져

홀로 지내거나 가려서

사귄 벗들과 더불어 지낸다.

뿐만 아니라 고대의 유명 현자들은

세월을 거듭할수록

돋보이는 작가들과의

고요한 교류에서 오는 기쁨을 누릴 줄 안다.

위대한 예술가들은
고독의 시간 동안
최고의 창작물을 완성했다.
−편집자 주

고독은 정보의 영역을 넓히고
보다 적극적인 호기심을 일깨우며
고단함을 경감시킨다.

더불어 실천을 촉진하므로
우리의 정신을 훨씬 더
활동적으로 만들 뿐 아니라,
그로부터 도출되는 생각을 증식시킨다.

공상에 매료된 '정신'은

새로운 세계를 구축하기도 하지만,

그러한 세계는 속이 빈 비누 거품처럼

금방 터져버리고 만다.

반면 '사고'는

계획한 직물의 원단을

면밀히 검토하여

내구성 있고 튼튼한 것들만 골라 쓴다.

고독은

나태해서도,

부질없이 써버린

여가여서도 안 된다.

지식인들이 누린 기쁨은

쉽게 접근 가능하며,

그 위인들만이 누릴 수 있는

특권도 아니다.

왜냐하면

그러한 종류의 기쁨은

각자의 근면함과 진지한 숙고, 심오한 생각,

깊이 있는 연구를 통해서

누구나 얻을 수 있기 때문이다.

무형의 기쁨은

다른 모든 것들보다

훨씬 더 오래 지속된다.

햇빛과 함께 사라지거나

외적 형태가 변하거나

육신과 함께

무덤 속에 묻히지 않는다.

필리포스가 질문을 던졌다.

"왕께서는 어찌하여 그토록
하찮은 글을 쓰며 여가를 보내신단 말인가?"

그러자 디오니시오스는
다음과 같이 대답했다.

"당신과 제가 술에 취해
방탕하게 흘려보내는 그 시간에
아버지는 글을 쓰십니다."

정신적 기쁨을 누구보다
강하게 의식한 키케로는 이렇게 말했다.

"다른 이들이 흥미로운 것들을 좇고
축제와 헛된 의식을 응시하며
새로운 즐거움을 찾아다니는 사이,
그리고 한밤중에 흥청대며 여흥과 폭음에 빠져
육체적 휴식은 물론
정신적 회복도 취하지 않는 사이에
나는 내 지난 삶을 기분 좋게 되돌아보며
학문과 사색으로 시간을 보내지 않았던가?"

고독을 통해 우리는

인생의 온갖 우여곡절과

고통을 정신적으로 뛰어넘을 수 있게 된다.

비록 마음이 풍요롭거나

원대하지 못한 자라 할지라도

책을 가까이한다면 행복해질 것이며

익숙한 나무 그늘 아래에서

모든 고통을 잊을 것이다.

전쟁 후 재산의 피해가

얼마나 큰지를 묻자

한 철학자는 이렇게 대답했다.

"괜찮습니다.

제 재산은 안전합니다.

전부 제 마음 안에 있으니까요."

위대하고 훌륭한 작가는

사회적 방해 요소들로부터

멀리 물러나 숲과 나무 그늘을

찾아 들어감으로써

각자의 정신 안에 은둔한다.

그들의 행동과 작품은

대부분 고독의 결과물이다.

고독의 시간은

누구도 앗아갈 수 없으며

세상의 모든 영광을

뛰어넘는 기쁨을

작가에게 줄 수 있다.

작가는 작품이

완성되어감에 따라

고요한 시간과

글을 쓰며 얻게 되는 평정심을

유쾌한 마음으로

즐기게 된다.

슬픔과 유감으로

허비될 수 있는 시간 동안

작업에 전념하는 건

작가로서 누릴 수 있는

대단한 이점이다.

우리는 홀로 지낼 때
비로소 사사로운 것들에 휩쓸리지 않고,
단단한 마음을 스스로 다질 수 있다.

－편집자 주

고독은 정신을
고양시킬 뿐 아니라
정신적 능력에
새로운 힘을 더한다.

고독 속에서

힘을 얻은 정신은

운동선수와 같은

무한한 기량을 발휘해

편견을 타파하고

오류와 맞서 싸울 수 있다.

고결한 정신은

세속적 즐거움에 취한 이들이

폭동과 방탕함 속으로

섞여 들어가는 걸 주시하면서도

그 유혹에 빠져들지 않는다.

방탕과 탕진은

인간의 결의를 무너뜨리고

소극적인 마음이 들게 하며

노력을 저하시킨다.

또한 영혼의 관대한 온기와

훌륭한 열정에 찬물을 뿌려

결국엔 영혼의 힘을

완전히 없애버린다.

사람이라면 누구나

예외 없이 무언가를 배우게 되어 있다.

사회적으로 보유한 지위가

얼마나 두드러지든 간에

개인적 가치를 세우지 않고서는

결코 위대해질 수 없다.

인류를 위해 본인의 지식을

유용하게 쓰고자 하는 자라면

우선 세상을 공부해야 한다.

너무 치열하거나 지나치게 긴 기간 동안

배움을 지속하진 않아도 되지만,

혹여 세상의 어리석음에 매료되는 일은 없어야 하겠다.

시저는 클레오파트라의 품을 떠나

세상의 주인이 되었다.

반면 안토니우스는 그녀를 정부로 맞아

그 품 안에서 놀아났고, 우유부단함으로 인해

자신의 삶뿐 아니라 로마 제국의 통치권마저 잃고 만다.

고독은

모든 결핍을 충분히 보상한다.

반면 세속의 즐거움을

열심히 좇는 자라면

상류층 모임에 참석하지 못하거나

좋아하는 클럽에 나가지 못할 때

상실감을 느낄 것이다.

정신적 능력은

고독한 가운데 본연의 자유를 즐기며

아무런 제약 없이 본래 타고난

모든 기능과 성질을 훑고 다니며

이리저리 배회한다.

그러다 어느 순간

자신이 가진 힘에 가장 부합하며,

그에 맞는 적절한 영역으로

자신을 이끌어 줄,

추구할 만한 대상을 선택한다.

고독과 철학은

세속의 어리석은 범인들이

터무니없다고 여기는 감상을 불러일으키지만,

가볍고 무의미한 생각들을 없애

인간의 정신이 원대하고도

숭고한 신념을 품도록 이끈다.

고독은

소박한 태도를 빚어낼 뿐 아니라

바쁘게 돌아가는 인생을

헤쳐 나갈 능력을 강화시킨다.

은둔하는 자의 정신은

세상과 그 관심사에 관해

더욱 활발히 작용한다.

그러다 다시금 고요함 속으로 물러나

휴식을 취하며

새로이 맞닥뜨릴 갈등에

대비하게 된다.

페트라르카는 벗들에게
다음과 같이 말했을지도 모른다.

"나는 고독한 가운데
오래도록 단련된 정신이
세속적 일에 관여하게 되었을 때
해당 업무를 얼마나 이행할 수 있는지
보여주고 싶었다네.

은둔이 선행되었을 때
한 인간이 얼마나 수월하고 확고하며
또 위엄 있고 효과적으로
공무를 처리할 수 있는지 말이야."

대중의 편견에 맞서는 데

필요한 용기는

경박한 세상사에 개의치 않을 때만

얻을 수 있으며,

이는 고독한 자가 아니면

좀처럼 품기 힘든 자질이다.

정신력 강화와는

거리가 먼 세속적 가치의 추구는

용기를 약화시킬 따름이다.

또 유희가 지나치게

자주 반복될 때 그러하듯

모든 즐거움에 대한 욕구 역시

무뎌지게 마련이다.

산과 계곡, 아름다운 하늘과 흐드러지게 핀 꽃들.
자연은 우리에게 변함없이 평온한 행복을 선사한다.

−편집자 주

은둔의 매력을 맛보기 위해

감정의 중심을 없앨 필요는 없다.

감성이 흘러나와 발현되는 즐거움을

버리지 않고서도 세속을 포기할 수 있다.

그러나 이처럼 지극한 행복을

마음에 허용하고자 한다면

그 마음은 자연의 숭고한 아름다움과

계곡을 수놓은 소박한 꽃들에도

즐거워하고 감탄할 줄 알아야 한다.

우아한 예술이나

자연의 정교한 손길이 빚어낸

고요한 풍경은

늘 마음에 평온함을 선사한다.

부드러운 침묵이

내 곁에서 숨 쉬는 가운데

눈에 들어오는 모든 것들은

유쾌하게 다가온다.

산과 계곡을 가로지르는 순간

자연의 다양한 면모가 상상력과 만날 때

우리의 마음에 얼마나 큰 영향을

미치는지 느끼지 못할 이는 없을 것이다.

아름다운 경치와 신선한 공기,

구름 한 점 없이 맑은 하늘,

그리고 이를 통해 느끼는 희열은

건강한 느낌을 불러일으키고

발걸음을 가볍게 한다.

훌륭한 상상력을 지닌 사람은

설사 감옥에 있다 하더라도

상상력 없이

뛰어난 경치에 둘러싸여 있을 때보다

훨씬 더 행복할 수 있다.

평온하게 은둔의 삶을 살며

전원의 풍경을 바라보다 보면

종종 자신의 기질이

조용해지는 걸 느낄 수 있다.

그러면 동시에

세속의 시끌벅적한 즐거움이

무미건조하게 여겨지고

어느덧 마음은

보다 기껍게 고독의 매력을

구하게 된다.

정제된 고결한 정서를 통해

마음이 온화해진 고독한 자는

불행할 리 없다.

어리석고 저속한 이가

자신의 운명을 비통해하며

스스로를 걱정과 혐오의

희생양으로 여길 때,

고독한 자는

가장 유쾌한 즐거움을 누린다.

작은 것에 만족하고

모든 것에 충족감을 느끼며

사랑과 순수함에 둘러싸여 은둔할 때

우리는 시인들이 말하는

황금기가 부활했음을 느낀다.

세상 사람들은 모두 황금기가

지났다고 한탄하는데도 말이다.

'지상 최고의 행복'이라

할 수 있는 여가는

고독 안에서가 아니라면

좀처럼 완벽한 행복을

선사하지 못한다.

나태와 무심함이

늘 여가를 제공하진 않는다.

진정한 여가란 힘겨운 임무를

문학과 철학이라는

유쾌한 소일거리로부터

분리시키는 휴식 시간을 통해

찾게 되는 까닭이다.

여가는 지적으로

무감각한 상태가 아니라

추후의 활동에 대해 새롭게 제시된

보상으로 간주되어야 한다.

또한 여가는 강인하고 활동적인

정신을 통해 추구되며,

활동의 끝이 아닌

잃어버린 활기를 회복하기 위한

수단으로 보아야 할 것이다.

자연의 평온함은

잘못을 저지르고자 하는 마음을

잊게 하는 대신

쾌활하고 상냥하며 개방적인 데다

확신에 찬 마음이 들게 한다.

전원의 은둔자가

명상에 지쳤다면

그저 서재의 문을 열고

산책을 즐기면 된다.

그가 내딛는 발걸음마다

평온함이 함께하며

주변 어디로 시선을 돌리든

새로운 즐거움이

그 모습을 드러낸다.

철학은 말한다.

과거의 불안을 잊고 다가올 행복에 대한

안일한 추측을 삼가며

현재의 안위에 만족하며

쉬어 가라고 말이다.

그리고 훨씬 더 나은 것이 도래할 거라는

희망을 품은 채 지금의 행복을

개선하려 들지 말라고 말이다.

사실 모든 상황은 우리가 생각하는 것보다

훨씬 더 나은 방향으로 나아간다.

스스로 할 수 있는 일, 해낼 수 있는 일이 있다면
마다하지 말고 부지런히 하자.
일은 '쉼'의 가치를 극대화시킨다.

−편집자 주

노동을 하지 않으면서

자신만의 행동 체계마저 없이

고독 안에서 행복을 찾고자 하는 사람이라면

시골에 마련한 오두막에서든

도시의 자택에서든

동일하게 피로에 시달릴 것이다.

반면 지속적으로

업무를 수행해 온 사람이

심오한 고독에 빠진다면

잠깐의 노동을 통해서도

진정한 평온함과 행복을 누리게 된다.

소박하고 유쾌한 식사를 마친 나는

내 작은 정원을 거닐거나

좋아하는 곡 몇 개를 피아노로 연주한다.

그런 후에 조용한 휴식보다도

더 달콤하고

부드럽게 속이 채워진

베개를 베고 자리에 눕는다.

철학에 심취한 현자가

평화로이 잠들고 새로운 기쁨을 기대하며

매일 아침 눈뜨는

소박한 방 안에 첫 여명이 비쳐 들어온다.

그가 침상에서 몸을 일으키면

멧비둘기의 속삭임과

근처 새장에 밤마다 둥지를 튼

온갖 새들의 아침 노래가

인사를 건네며 그를 반긴다.

무지하든 시샘을 하든 간에

인간이란 대개

어느 정도 사악하게 마련이며,

그들의 악의를 피하는

유일한 방법은

그들을 멀리하는 것뿐이다.

은둔에 수반되는
소박함과 규칙성, 평온함은
잔뜩 달궈진 기질을 누그러뜨린다.

그리고 과도한 욕망이
들이닥치지 못하도록 마음을 돌보며,
쏟아지는 악의와 비난에도
마음이 상처 입지 않고
꿋꿋이 버틸 수 있도록 한다.

거짓된 견해와 세상의 편견을

뛰어넘은 이들은

참을성 있는 불굴의 용기로

거센 불행을 견뎌내며

사소한 상처 따윈 무시하고

넘어갈 줄 안다.

적들의 악의와 벗의 배신을

당당히 멸시해 버린다.

자신의 길을 굳건히 가며

본인의 취향과 뜻에 따라

살아갈 용기를 지닌 자는

인생의 사소한 희비나

사람들이 던지는 악평과 부당함에

좌우되지 않는다.

고독 안에서 인간은

자기 자신을 잊게 한

산만함에서 벗어나 회복하게 된다.

더불어 자신의

지난 모습과 미래의 모습을

분명히 이해하게 된다.

제아무리

크나큰 부도

마음의 편안함과

자유에

비할 바 아니다.

모름지기 행복은

많이 가지는 것이 아니라

충분히 가지는 것에 있다.

이러한 까닭에

수많은 왕들과 귀족들은

좀처럼 행복을 누리지 못했다.

무릇 적게 바라는 자는

충분히 가졌다고 할 수 있다.

고독은 지나친 욕구를

억눌러 줄 뿐 아니라

사람들로 하여금 자신이

진정 원하는 걸 찾도록 한다.

생활 방식이 소박한 곳에서는

사람들이 진정 원하는 바가 적을 뿐 아니라

그러한 바람을 충족시키기도 수월하다.

사치에 대한 욕구가 일지 않으면

그것을 누려야겠다는 생각조차

들지 않는 법이니 말이다.

고독은 우리 마음에

자리하고 있던

세속의 복잡하고 그릇된 화려함을

떼어내버림으로써

온갖 헛된 야망을 몰아낸다.

멀리 있는 행복에 집착하지 말라.
그저 일상의 평온함에 감사할 줄 알면
우리네 삶은 곧 자유로워진다.
　　　　　　　　　　　−편집자 주

전원에서 누리는 기쁨에 익숙해져
여타의 다른 즐거움에 무심해진 현자라면
더 이상 높은 직위와 세속적 출세를
추구하지 않게 된다.

어느 고결한 로마인은 어쩔 수 없이
영사직을 수락하며 눈물을 멈출 수 없었는데,
영사로 일하게 되면 1년 동안
자신의 들판을 경작할 수 없기 때문이었다.

고독은 마음에 자리한

이기적 욕구를 누그러뜨리고

가슴을 장악한 야망을 내보내기 때문에

낙담한 정치인이나

해고된 장관에겐

진정한 피난처가 된다.

도회적 분위기에서

무감각하기만 했던 마음은

전원에서 황홀하게 그 나래를 펼친다.

이러한 까닭에 봄이 오면

우리의 가슴이 사랑으로

가득 채워지는 것이다.

절망은 결코

해결책이 될 수 없다.

실제로

온갖 종류의 고통은

시끌벅적한

바깥세상에서 보다

고요한 은둔처에서

훨씬 더 빨리

누그러진다.

성공을 위한 유일한 방안은

모든 노력을 기울여 육체를

정신의 규제 아래 두는 것뿐이다.

활발한 정신은

종종 가장 뿌리 깊은

악을 쫓아내거나

운명의 화살을 막아낼

강력한 보호막을 형성한다.

세속적 가치를 추구하는 자들은
대개 도박이나 연회, 방탕하게 즐기는 데서
기쁨을 느낀다.

반면 고독을 선호하는 이는
고독에 수반되는 이점을 자각하고 있기에
그 평화로운 고독의 그늘이
선사하는 즐거움만큼의 기쁨은
어디에서도 찾지 못한다.

오락과 여흥을

열렬히 좇음에 따라

불가피하게 야기되는 결과는

바로

무기력과 불만이다.

현자는 떠들썩한 즐거움의

한가운데 있더라도

종종 자신의 내면으로 물러나

앞으로의 계획과 현재 하고 있는 일을

잠자코 비교하며 살핀다.

쾌락에 지나치게 중독된 이들에게

둘러싸이거나 우연히 그러한 이들과

교류하게 될 때도

그는 오직 온화하고 아량 있는

영혼의 소유자들과 어울린다.

감각적 즐거움을

끊임없이 추구하는 건

세속적 쾌락을 좇는 자들이

자신을 잊기 위해

취하는 수단일 따름이다.

그들은 현재 주어진 시간을

그저 기분 좋게 보낼 수 있도록

흘러가는 그날그날을 위한

오락거리를 제공해 주는

대상을 부여잡으려 애쓴다.

인간의 정신이 지닌

힘의 파급 범위는

일반적으로 생각하는 것보다

훨씬 더 크다.

취향이나 필요에 따라 정신력을

자주 단련하는 자는

본질적으로 누릴 수 있는

지극한 행복이 전적으로

우리 안에 있음을 깨닫게 된다.

삶에서 우리가

바라는 것들은 대다수가

그저 거짓일 따름이다.

비록 감각적 대상들이

우리의 행복과 기쁨에

가장 효과적으로 기여하긴 하지만,

이는 그 대상들이

꼭 필요해서가 아니라

습관적으로

호감의 대상이 되었기 때문이다.

고독은 외로움의 시간이 아닌,
충전과 창조의 시간이다.

−편집자 주

감각적 대상들의 매력을

물리칠 배짱과

내면에서 행복을 찾겠다는

용기를 지닌다면,

우리는 그 모든 감각적 대상들이

내어줄 수 있는 것보다

훨씬 더 다양한 자산을

가슴속에서 포착해 낼 것이다.

세속의 진미와 와인을 맛보려면

격식에 따라 잠자코 앉아

평판은 높지만

부조리하고 터무니없는 말만

늘어놓는 자의 이야기에

장단을 맞춰야 할지도 모를 일이다.

무기력하고 혼잡한 세속의 집단에서는

천박하고 하찮은 오락거리들이

사방에 넘쳐나고

화려한 드레스와 경박한 태도를

과시하는 것만이 유일한 야망이다.

이러한 집단은 나태의 무게를

느끼고 싶어 안달이 난 자의

경박하고 공허한 마음을

어느 정도의 쾌락으로 채워버린다.

인간의 행복은
끊임없이 방해 받게 마련이다.

우리가 가장 안전하다고
헛된 생각을 하는 바로 그 순간,
운명은 불행한 피해자에게
급작스레 일격을 가한다.

건강은 분명

행복의 필수 요소라 할 수 있지만,

상황과 사정에 따라서는

건강을 잃었음에도 평온한 경우가 있다.

가벼운 질병으로 인해

해외 방문 일정을 소화하지 못하게 되어서,

또 그로 인해 홀로 조용히 지내며

쇠약해진 힘을 재충전할 수 있어서

하느님께 감사했던 적이

도대체 몇 번이던가!

문학적 여유를 즐기며
아무런 방해도 받지 않고
집에서 하루를 보내게 되면
온갖 화려한 오락거리에
둘러싸여 있을 때보다
더 참된 즐거움을 마음에
선사할 수 있다.

자신에게 잘 맞거나

유용한 학문에 정진할 수 있는

마음의 힘이 생긴다면

연령과 상관없이

홀로 지내는 것을

더 이상 두려워하지 않아도 된다.

정신적 즐거움은
일반적으로 절묘한 명상과
심오한 이성적 추론,
그리고 뛰어난 상상력의
분출을 의미한다.

자유롭고 평온하며

다정한 성품을 지니고

자족하는 삶을 살며

주변인들과 잘 지내는 이들이라면

누구나 정신적 즐거움을

누릴 수 있다.

고독이 품은 이점은

가장 노년기에 이르러서든,

한창 활기를 발하는 청년기에서든

생의 시기별로

성취하고, 또 맛볼 수 있다는 점이다.

경박한 벗을 둠으로써

그동안의 철저한 이해가

시시해져 버리는 경우가

얼마나 잦은가!

고독을 느끼고 경험하는 시간을 거치며
우리의 마음은 이전보다 더 단단해지고,
매 순간 흔들리던 삶은 공고해질 것이다.

−편집자 주

우리 자신에 관한 지식은

다른 그 어떤 상황에서보다

고독 안에서

보다 쉽고 효과적으로 습득할 수 있다.

이는 우리가 고독한 가운데

저마다의 마음을

가깝게 들여다보기 때문이다.

고독의 고요함 안에서는

마음속 양상을 제대로 포착하게 된다.

더불어 인간의 특성이 어떠한지 뿐 아니라

어떠한 진실성과 성격을

떠어야 하는지도 알게 된다.

실제로 속된 자는

자기반성을 회피하는데,

이는 그에 따른 결과가 분명 감정적으로

고통스러울 것이기 때문이다.

타인들이 자신의 성품을 표현할 때

적용하는 아첨 섞인 견해를 통해서만

자신을 판단해 온 자라면,

본인을 자세히 들여다보는 과정에서

자신이 습관과 대중의 비참한 노예라는

사실에 놀라고 말 것이다.

고독은 단지 바람직할 뿐 아니라

전적으로 필요하다.

특히 너무 빨리 차오르는 감정과

지나치게 열정적인 상상력을 지닌 탓에

조용히 살아갈 수 없는 사람들,

인간과 사물 모두를 대상으로

끊임없이 비난을 퍼붓는 이들은

더욱 고독을 필요로 한다.

어느 저명한 철학자는

이렇게 말한다.

'참된 지혜를 얻고자 한다면

홀로 고독하게 살아가는 법을

터득해야 한다' 고.

끊임없는 방탕은

모든 도덕적 감정을

억눌러 버린다.

생의 마지막 순간이 도래하면

우리는 모두 지난날

좀 더 홀로 고독하게 지내며

자신과 더욱 철저히

친밀한 시간을 보내고

신과는 좀 더 밀접히

교감할 수 있었기를 바란다.

지금 당신을 짓누르며

절망감을 안기는 가벼운 불운은

결국 당신의 정신을 고양시킬 것이며,

현재로선 불가능해 보일 정도까지

당신의 힘을 강화시킬 것이다.

지금으로선 그저 괴로움과

슬픔의 심연으로 가라앉은 듯하겠지만,

머지않아 때가 오면 다시금 행복해진

자신을 발견하게 될 것이다.

추방된 자들은

흔히 고독의 이점과 즐거움을 경험했다.

그들은 자신들을 추방한 세상 대신

은둔의 평온함 속에서

그들만의 새로운 세계를 형성했다.

그 안에서 그들은

위대함의 정점에서 좇았던

그릇된 기쁨과 거짓 즐거움을 잊고,

이성적 존재들이

주목할 만한 고결한 부류의 즐거움에

마음을 길들여 갔다.

고결한 노인은

평온한 유쾌함과 더불어

하루하루를 보내며

자신을 둘러싼 축복을 통해

행복을 느낌으로써 지난날의

정직함과 성실함을 충분히 보상받는다.

이는 그가 명예롭고 스스로

칭찬할 만한 일들을

기쁜 마음으로 돌아보는 까닭이다.

따라서 점점 다가오는 죽음도

걱정에 사로잡히지 않은

굳건한 그의 영혼에

두려운 감정을 심지 못한다.

고독한 가운데

신을 축성하는 시간,

우리가 그 신성한 교감에

익숙해지는 순간은

삶의 가장 행복한 시간으로 다가온다.

끊임없는 평온함은

우리가 누릴 수 있는

최고의 행복에 해당한다.

내적인 평온함과

외적인 평온함은

참된 행복의 시작이며,

떠들썩한 세상을 뒤로한 채

이성적이고 적절한 은둔을 택함으로써

인간의 영적 능력은

더없이 개선될 것이다.

그리하여 우리는

'더없이 행복한 고독'을 통해

다가올 세상에서 누리고자 하는

행복의 요소를 찾게 된다.

옮긴이 **이민정** 번역에이전시 엔터스코리아에서 번역가로 활동 중이다. 옮긴 책으로 《데미안》 《거의 모든 죽음의 역사》 《당신이 마음껏 기적을 빚어낼 수 있도록》 《힐링 에너지 공명》 《스탠딩 톨》 《내 남은 생의 모든 것》 《파리에서 보낸 한 시간》 《루이스 헤이의 긍정 수업》 《벤자민 버튼의 시간은 거꾸로 간다》 《고독에 관하여》 등이 있다.

지금보다 더 단단한 삶을 만드는

하루 한 장 필사

초판 1쇄 2024년 10월 18일

지은이 | 요한 G. 치머만
옮긴이 | 이민정
엮은이 | 편집부

발행인 | 박장희
대표이사 겸 제작총괄 | 정철근
본부장 | 이정아
편집장 | 조한별

기획위원 | 박정호

마케팅 | 김주희 이현지 한륜아
디자인 | design co*kkiri

발행처 | 중앙일보에스(주)
주소 | (03909) 서울시 마포구 상암산로 48-6
등록 | 2008년 1월 25일 제2014-000178호
문의 | jbooks@joongang.co.kr
홈페이지 | jbooks.joins.com
네이버 포스트 | post.naver.com/joongangbooks
인스타그램 | @j_books

ISBN 978-89-278-8062-2 (03110)